Inhalt

Bilanzierung von Versicherungsverträgen - Heftige Kritik an den vom IASB vorgeschlagenen Neuerungen

Kernthesen

Beitrag

Fallbeispiele

Weiterführende Literatur

Impressum

Bilanzierung von Versicherungsverträgen - Heftige Kritik an den vom IASB vorgeschlagenen Neuerungen

A. Kaindl

Kernthesen

- Die Änderungsvorschläge revolutionieren die Finanzberichterstattung der Versicherer.
- Die Neuerungen sehen für die Bilanzierung von Versicherungsverträgen im Kern ein vermögensbilanzielles Modell.
- Das IASB schlägt auch eine Neugestaltung

der Erfolgsrechnung vor.
- Von den Veränderungen sind alle Versicherer betroffen, weil sie in direktem Zusammenhang mit "Solvency II" stehen.

Beitrag

IASB veröffentlicht Exposure Draft zur Bilanzierung von Versicherungsverträgen

Die Bilanzierung von Versicherungsverträgen gehört mit zu den schwierigsten Problemfeldern der Rechnungslegung. Versicherungsverträge führen vielfach zu langfristigen mit Risiken behafteten Zahlungsströmen, die aus einem Bündel unterschiedlicher Rechte und Verpflichtungen resultieren und im Rahmen der Bilanzierung als periodisierte Erfolgsgrößen darzustellen sind. Damit verbunden ist die Frage, wann ein Ertrag realisiert ist. Auch dies ist ein sehr kontrovers diskutiertes Thema der internationalen Rechnungslegung. (1)

Das Projekt "Versicherungsverträge" des International Accounting Standards Board (IASB) nahm bereits im Jahr 1997 seinen Anfang und wurde im Jahr 2002 aufgrund seiner Komplexität und kontroversen Diskussion in Schrifttum und Praxis in zwei Phasen aufgeteilt. (1)

Das Ergebnis der ersten Phase war nur eine Übergangslösung in Form des derzeit gültigen International Financial Reporting Standard (IFRS) 4. Dieser erlaubt im Wesentlichen die Beibehaltung der nationalen Bilanzierungsvorschriften. In der zweiten Projektphase soll nun der finale Standard erarbeitet werden, verbunden mit der Zielsetzung, ein weltweit einheitliches und konsistentes Modell zur Bilanzierung von Versicherungsverträgen zu entwickeln. Als ersten Schritt der zweiten Phase hat das IASB im Mai 2007 ein Diskussionspapier veröffentlicht, in dem es sich im Grundsatz für eine Bewertung zum Fair Value aussprach. Das US-amerikanische Financial Accounting Standards Board (FASB) ist im Oktober 2008 dem Projekt "Versicherungsverträge" beigetreten. Seitdem haben IASB und FASB in gemeinsamen Sitzungen ein neues Bilanzierungsmodell erarbeitet. Da in einigen Punkten noch Meinungsunterschiede bestehen, wurde das Modell in jeweils eigenen Veröffentlichungen zur Diskussion gestellt. Das IASB hat hierzu am 30.07.2010 einen Exposure Draft (ED/2010/8: "Insurance Contracts", im Folgenden ED) veröffentlicht. (1), (3)

Wann ist der neue Standard anzuwenden?

Der Anwendungsbereich des künftigen Standards umfasst sämtliche Verträge in der Definition eines Versicherungsvertrags. In Abgrenzung zum International Accounting Standard (IAS) 39 bzw. IFRS 9, die die Bilanzierung von Finanzinstrumenten festlegen, werden als Versicherungsrisiken alle Risiken bezeichnet, die keine finanziellen Risiken darstellen. Unter bestimmten Umständen können Finanzgarantien, die z.B. von Banken gegeben werden, in den Anwendungsbereich des künftigen Standards fallen. Auch Finanzinstrumente mit ermessensabhängiger Überschussbeteiligung fallen in den Anwendungsbereich des künftigen Standards, auch wenn diese kein Versicherungsrisiko in sich tragen. (1)

Im Folgenden wird zuerst ein Überblick zu den Inhalten des ED gegeben, dem sich eine kritische Würdigung der vorgeschlagenen Regelungen anschließt.

Das geplante Bilanzierungsmodell

Die im ED enthaltenen Vorschläge sehen für die

Bilanzierung von Versicherungsverträgen im Kern ein vermögensbilanzielles Modell vor, d.h. die aus den Verträgen resultierenden Rechte und Verpflichtungen werden als Barwertkalküle angesetzt und in saldierter Form ausgewiesen. Entsprechend ist in einem ersten Schritt zu prüfen, welche Rechte und Verpflichtungen aus den Verträgen resultieren und inwiefern diese Vermögenswerte und Schulden darstellen. Bei Versicherungsverträgen kann regelmäßig angenommen werden, dass das Recht auf Prämienzahlungen einen Vermögenswert und die Verpflichtung zur Schadenzahlung eine Schuldposition darstellt. Infolge fehlender Aktivmärkte müssen für diese Rechte und Verpflichtungen Barwerte ermittelt werden. (1)

Zum Zeitpunkt der Erstbewertung ist zunächst der Barwert der im Rahmen der Vertragserfüllung anfallenden Zahlungsströme zu ermitteln. Dieser Erfüllungsbarwert setzt sich aus dem saldierten Verpflichtungs- und Prämienbarwert zusammen und bestimmt sich auf Basis der folgenden Bestandteile: Schätzung der zukünftigen Verpflichtungszahlungen abzüglich der zukünftigen Prämienzahlungen, Bestimmung eines Diskontierungssatzes und Ansatz einer expliziten Risikomarge. (1)

Sofern bei der Ermittlung des Erfüllungsbarwerts festgestellt wird, dass der Prämienbarwert die Summe aus Verpflichtungsbarwert und Risikomarge übersteigt, ist in Höhe der festgestellten Differenz eine sogenannte Residualmarge anzusetzen. Die Residualmarge stellt keine eigenständige Bilanzposition dar, sondern dient allein dem Zweck, den Ausweis von unrealisierten Gewinnen zu verhindern. Im umgekehrten Fall ist der den Prämienbarwert übersteigende Betrag erfolgswirksam als Aufwand der Periode zu erfassen. Der ED formuliert Anforderungen an die Ermittlung der einzelnen Bestandteile, die im Anhang um weitere Hinweise ergänzt werden müssen. (1)

Im Rahmen der Folgebewertung sind mit Ausnahme der Residualmarge die bei der Barwertermittlung verwendeten Bewertungsparameter an die aktuellen Stichtagsverhältnisse anzupassen. Neben einer aktuellen Schätzung der Zahlungsströme erfordert dies auch die Bestimmung des aktuellen Diskontierungssatzes und die Ermittlung einer aktualisierten Risikomarge. Die hieraus resultierenden Wertänderungen sind erfolgswirksam zu vereinnahmen. Da Wertänderungen auch dann zu erfassen sind, wenn es sich um positive Ergebnisentwicklungen handelt, erfolgt im Rahmen der Folgebewertung keine Bewertung zu historischen Kosten, sondern ein Ausweis der Versicherungsverträge zu ihrem beizulegenden Zeitwert. Aufgrund der unternehmensspezifischen Bewertungsperspektive handelt es sich dabei aber nicht um einen Fair Value im Sinne der IFRS, sondern um ein spezielles Wertkonstrukt. Da die Residualmarge ausschließlich eine potenzielle Gewinnvereinnahmung zum Zeitpunkt der Erstbewertung verhindern soll, ist diese im Rahmen der Folgebewertung nicht anzupassen, sondern planmäßig aufzulösen. (1)

Geplante Neugestaltung der Gewinn- und Verlustrechnung

Mit der Einführung eines vermögensbilanziellen Modells schlägt das IASB zugleich eine Neugestaltung der Erfolgsrechnung vor. Bisher wird der Erfolg des Versicherungsgeschäfts umsatzbasiert unter Ausweis der verdienten Prämien und zugehörigen Schadenaufwendungen dargestellt. (1)
Zukünftig ist eine margenbasierte Gliederungsform geplant: Der Periodenerfolg ergibt sich dabei aus der prospektiven Neubewertung der versicherungstechnischen Verpflichtungen, die sich aus den Änderungen der Rechnungsgrundlage Zins sowie der erwarteten Cashflows ergeben. Darüber hinaus wird der Periodenerfolg durch erfahrungsbedingte Anpassungen geprägt. Hierbei handelt es sich um die realisierten Abweichungen zwischen den tatsächlichen und den zu

Periodenbeginn erwarteten Zahlungsströmen. (1), (2)

Kritische Würdigung der vorgeschlagenen Neuerungen

Zielsetzung eines IFRS-Abschlusses ist die Vermittlung von Informationen über die Vermögens-, Finanz- und Ertragslage eines Unternehmens zum Zwecke der Entscheidungsfindung. Der Bewertung zum beizulegenden Zeitwert, die der ED im Rahmen der Folgebewertung vorsieht, wird eine hohe Entscheidungsrelevanz unterstellt. Eine marktnahe Bewertung bedeutet, dass über bewertungsrelevante Ereignisse zeitnah berichtet wird. Allerdings resultiert aus einer zeitnahen Bewertung der Nachteil einer hohen Volatilität der Ergebnisgröße, die beim Erfüllungsbarwert insbesondere durch den Diskontierungssatz ausgelöst wird. Außerdem hat die Finanzmarktkrise die Schwächen einer Ausrichtung der Bilanzierung am zeitnahen Marktwert aufgezeigt. Die Bewertung zum Fair Value hatte die Volatilität an den Finanzmärkten noch verstärkt und dort prozyklische Effekte ausgelöst. Versicherer, deren Geschäft vor allem in der Lebensversicherung durch Langfristigkeit geprägt ist, sollten auf volatilen Märkten nicht zu ständigen Wertberichtigungen und anschließenden Wertaufholungen gezwungen sein. Aufgrund der Langfristigkeit des Geschäftsmodells gleichen sich Wertschwankungen im Zeitablauf wieder aus. (1), (2), (3)

Informationen werden nur dann als entscheidungsnützlich eingestuft, wenn diese sich als relevant und zugleich verlässlich erweisen. Da laut ED der Erfüllungsbarwert grundsätzlich modellbasiert zu bestimmen ist, bestehen erhebliche Zweifel an der Verlässlichkeit der vermittelten Informationen. Diese Zweifel betreffen weniger den Diskontierungssatz, der durch den Markt vorgegeben ist, sondern insbesondere die Schätzung der Zahlungsströme und die Festlegung einer Risikomarge. (1)

Informationen, die ein Jahresabschluss liefert, sollen branchenübergreifend vergleichbar sein. Das bedeutet, dass ökonomisch ähnliche Sachverhalte, auch wenn sie unterschiedliche Branchen betreffen, konzeptionell identisch abgebildet werden. Die Bilanzierung von Versicherungsverträgen sollte damit grundsätzlich den gleichen Prinzipien folgen wie bspw. die Abbildung von Umsatzgeschäften in anderen Branchen. Im Rahmen der Erstbewertung ist dies der Fall. Der Verzicht auf eine Fair-Value-Bewertung im ED bei Vertragsabschluss entspricht z.B. den Bilanzierungsvorschlägen des IASB im Rahmen der Projekte "Ergebnisrealisierung" und "Leasing". Unterschiede ergeben sich im Rahmen der Folgebewertung. Im Unterschied zur Abbildung von Umsatzgeschäften in anderen Branchen, dürfen

Versicherungsverträge nicht zu ihren historischen Kosten angesetzt werden. Weitere Inkonsistenzen ergeben sich auch im Vergleich zu IAS 39 und IFRS 9, die die Bilanzierung von Finanzinstrumenten regeln. Der Rechnungslegungsstandard für Finanzinstrumente sieht ein gemischtes Bewertungsmodell vor. Ein wesentlicher Teil der Kapitalanlagen eines Versicherers muss demnach nicht mit dem Fair Value in der Bilanz stehen, sondern kann in Abhängigkeit vom Geschäftsmodell zu fortgeführten Anschaffungskosten bilanziert werden. Das IASB berücksichtigt damit, dass es Geschäftsmodelle gibt, bei denen die kurzzeitigen Schwankungen an den Märkten die Bilanzierung nicht prägen dürfen. Warum diese Sichtweise nicht auch im Entwurf eines Versicherungsstandards vertreten wird, ist allerdings nicht nachvollziehbar. (1), (3)

Kritisiert wird auch die geplante planmäßige Auflösung der Residualmarge. Eine zukünftige erhöhte Volatilität des Ergebnisses könnte abgefedert werden, wenn im Rahmen der Folgebewertung auch eine Anpassung der Residualmarge erfolgen würde. (2)

Unmittelbare Bedeutung haben die IFRS zwar nur für die Konzernabschlüsse kapitalmarktorientierter Versicherer. Für den Einzelabschluss kommen nach wie vor die Vorschriften des Handelsgesetzbuches zum Einsatz. Dennoch sind die geplanten Veränderungen in der internationalen Rechnungslegung für Versicherer jeder Größenordnung und Rechtsform von erheblicher Bedeutung, weil sie in direktem Zusammenhang mit dem neuen europäischen Aufsichtsregime für Versicherungen "Solvency II" stehen. "Solvency II" sieht zwar eigene Regeln für die Bewertung der Finanzlagen von Versicherungsunternehmen vor. Diese sollen aber so weit wie möglich mit der internationalen Rechnungslegung im Einklang stehen, um den bürokratischen Aufwand für die Unternehmen in Grenzen zu halten. Die Weichenstellung auf dem Gebiet der internationalen Bilanzierung betrifft somit die Gesamtheit der deutschen Versicherer. (3)

Trends

Der ED sieht keinen konkreten Zeitpunkt für das Inkrafttreten der Regelungen vor. In Abstimmung mit anderen Projekten des IASB soll der Zeitpunkt des Inkrafttretens zu einem späteren Zeitpunkt festgelegt werden. (1)

Fallbeispiele

Als der Vorstandsvorsitzende des Allianz-Konzerns, Michael Diekmann, bei der hochkarätigen Banking & Insurance Conference der Bank of America Merrill Lynch vor 200 Branchenexperten sprach und die Frage gestellt wurde, ob die vom IASB vorgeschlagenen Änderungen des IFRS 4 positiv seien, wagte es nur jeder Zweite, ein Kreuz zu setzen. Von den 100, die ein Kreuz setzten, entschieden sich fast 60 Prozent für "Weiß ich nicht". Dieses Ergebnis zeigt exemplarisch, dass ein großer Teil der Fachwelt den kommenden Rechnungslegungsstandard für Versicherungsverträge nicht einschätzen kann und in der Branche große Unsicherheit herrscht. (4)

Weiterführende Literatur

(1) Zur Bilanzierung von Versicherungsverträgen gemäß den Vorschlägen des ED/2010/8
aus Kapitalmarktorientierte Rechnungslegung, Heft 11 vom 2.11.2010, Seite 546

(2) Viel Wirbel um den Exposure Draft IFRS 4 zu Versicherungsverträgen
aus Versicherungswirtschaft, 01.02.2011, 66.Jg., Nr. 03, S. 194

(3) Rechnungslegung muss zum Versicherungsgeschäft passen Beachtlicher Nachbesserungsbedarf - Bilanzierung sollte

Geschäftsmodell folgen - Veränderungen gegen den Willen der Betroffenen selten erfolgreich
aus Börsen-Zeitung, 29.01.2011, Nummer 20, Seite B1

(4) Versicherer stehen vor Revolution in der Rechnungslegung
aus Börsen-Zeitung, 15.12.2010, Nummer 242, Seite 8

Impressum

Bilanzierung von Versicherungsverträgen - Heftige Kritik an den vom IASB vorgeschlagenen Neuerungen

Bibliografische Information der deutschen Nationalbibliothek

Die Deutsche Nationalbibliothek verzeichnet diese Publikation in der deutschen Nationalbibliografie; detaillierte bibliografische Daten sind im Internet über http://dnb.d-nb.de abrufbar.

ISBN: 978-3-7379-1397-3

© 2015 GBI-Genios Deutsche Wirtschaftsdatenbank GmbH, Freischützstraße 96, 81927 München, www.genios.de

Alle Rechte vorbehalten. Dieses Werk ist einschließlich aller seiner Teile – z.B. Texte, Tabellen und Grafiken - urheberrechtlich geschützt. Jede Verwertung außerhalb der Grenzen des Urheberrechtsgesetzes bedarf der vorherigen Zustimmung des Verlags. Dies gilt insbesondere auch für auszugsweise Nachdrucke, fotomechanische Vervielfältigungen (Fotokopie/Mikroskopie), Übersetzungen, Auswertungen durch Datenbanken oder ähnliche Einrichtungen und die Einspeicherung und Verarbeitung in elektronischen Systemen.